Les compagnons du Chapeau de paille

MONKEY D. LUFFY

Garçon rêvant de devenir le seigneur des pirates. Après deux années d'entraînement, il retrouve ses compagnons et se lance à l'assaut du Nouveau Monde !

Capitaine. Prime : 400 millions ฿

RORONOA ZORRO

Propulsé sur l'ancien royaume de Moïsito, il tire un trait sur son amour-propre pour étudier l'art du sabre auprès de Mihawk.

Combattant. Prime : 120 millions ฿

TONY-TONY CHOPPER

Après avoir étudié la composition du "remède fort" au royaume de Piaf, il rejoint son ancien équipage.

Médecin. Prime : 50 ฿

NAMI

Elle retrouve l'équipage après avoir étudié la météorologie du Nouveau Monde à Weatheria, un îlot céleste.

Navigatrice. Prime : 16 millions ฿

NICO ROBIN

Elle retrouve l'équipage après son séjour à Bartigo où réside Dragon, le père de Luffy et chef de l'armée des révolutionnaires.

Archéologue. Prime : 80 millions ฿

PIPO

C'est sur l'archipel des Boyn qu'il reçoit l'enseignement d'Heraclesun afin de devenir un véritable "roi du tir", puis il part retrouver l'équipage.

Tireur. Prime : 30 millions ฿

FRANKY

Il se transforme en "Franky Brachial" au royaume futuriste de Balgimoa, puis retrouve les autres membres d'équipage.

Charpentier. Prime : 44 millions ฿

SANDY

Propulsé dans le royaume de Kedêtrav, il gagne en maturité grâce à ses multiples combats contre les maîtres du newcomer kenpo puis rejoint l'équipage.

Coq. Prime : 77 millions ฿

BROOK

Après avoir été exhibé comme phénomène de foire par la tribu des Longs-Bras, il retrouve ses compagnons sous l'identité de "Soul King" Brook, la superstar.

Musicien. Prime : 33 millions ฿

CARIBOU LA MÈCHE MOLLE
Capitaine de l'équipage Caribou

Mme SHIRLEY
Patronne du Mermaid Café

PAPPUG
Designer et fondateur de la marque "Criminal"

CAMIE
Employée du Mermaid Café

The story of ONE PIECE 1»66

SHANKS

L'un des quatre empereurs. Il attend l'arrivée de Luffy au Nouveau Monde, la dernière partie de la Route de tous les périls.

Capitaine de l'équipage du Roux

JINBEI

Son départ du corps des sept capitaines corsaires l'a forcé à quitter l'île des hommes-poissons.

Anciennement l'un des sept capitaines corsaires

Royaume du palais des dragons

La reine Otohime

Épouse du roi Neptune

Neptune, le roi des mers

Monarque du royaume du palais des dragons

Princesse Shirahoshi

Princesse du royaume du palais des dragons

Demande en mariage

Fukaboshi, l'aîné

L'un des trois frères Neptune

Manboshi, le benjamin

L'un des trois frères Neptune

Ryûboshi, le cadet

L'un des trois frères Neptune

Fisher Tiger

Capitaine de l'équipage des Pirates du soleil

Hody Jones

Capitaine de l'équipage des New Fishman

Alliance

Van der Decken IX

Capitaine du Hollandais volant

Wadatsumi, le moine de mer

Membre d'équipage du Hollandais volant

Équipage du Hollandais volant

Hammond

Guerrier des New Fishman

Icaros Mucchi

Lieutenant des New Fishman

Dosun

Lieutenant des New Fishman

Zeo

Lieutenant des New Fishman

Daruma

Lieutenant des New Fishman

Hyozo "le tueur"

Assassin des New Fishman

Équipage des New Fishman

Résumé des événements

Les membres du Chapeau de paille se réunissent de nouveau sur l'archipel des Sabaody, après deux années d'un entraînement intensif. L'équipage au complet reprend la mer, déterminé à triompher du Nouveau Monde ! Le Sunny atteint tant bien que mal l'île des hommes-poissons, située à 10 000 mètres sous la surface de l'océan. Une attaque des New Fishman montre à Luffy et ses compagnons qu'ils ne sont pas les bienvenus sur l'île. Cette haine des New Fishman et de leur capitaine Hody Jones s'explique par les mauvais traitements que les humains infligent aux hommes-poissons et aux sirènes depuis des décennies. Hody projette maintenant de détruire le Royaume du Palais des dragons afin de devenir le nouveau roi de l'île !! La princesse Shirahoshi et les siens, désireux de vivre en paix avec les humains, s'opposent alors à l'équipage des New Fishman avec l'aide de Luffy. Cependant, le navire géant "Noé" est sorti de son long sommeil et fonce vers l'île des hommes-poissons !! Luffy et ses compagnons ont certes réussi à vaincre les lieutenants de Hody mais ils n'ont pas encore réussi à stopper la course de "Noé", qui menace l'île de destruction !!

- TOME 66 -
VERS LE SOLEIL

- SOMMAIRE -

CHAPITRE 647

ARRÊTE-TOI, NOÉ !

Depuis le pont du monde, vol. 30 : "Skypiea – Laki et Conis du Pumpkin Café servent leur spécialité à la citrouille, les Pumpkin Pasta"

REGARDEZ LÀ-HAUT, ATTENTION !!

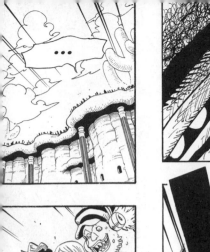

HÉ, CHOPPER...
RÉTRÉCIS UN PEU
TU VEUX ?!

C'EST MOI
LE ROBOT "GÉANT",
QUAND MÊME !!

CE ROBOT
A SERVI À
QUELQUE
CHOSE ?

UNE MINIJUPE
VOUS IRAIT À
MERVEILLE, MA
CHÈRE NAMI !!

SILENCE !

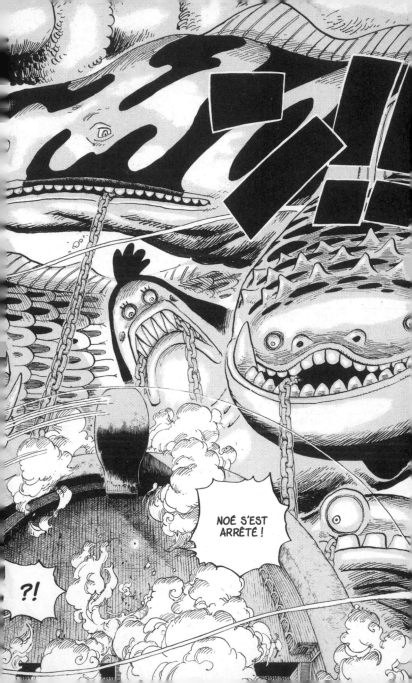

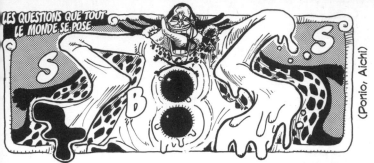

— (Lecteur) : Cher Maître Oda, chers lecteurs, bonjour ! Pour être franc, j'ai des POUVOIRS SURNATURELS ! Je vais donc deviner ce que vous êtes sur le point de dire, Maître Oda. Attention... "JE DÉCLARE LA SÉANCE SBS OUVERTE !" Alors ? Incroyable, non ? (Pseudo : M. Minori)

O (Oda) : Tu as vu juuuste !! Mais... comment as-tu fait ?! J'en ai des sueurs froides !!

L : Le zizi d'Akainu est en magma ? (Pseudo : P'tit)

O : Hé, oh !

L : Le zizi d'Aokiji est givré ? (Pseudo : Zi)

O : Hé, du calme...

L : Le zizi de Kizaru est lumineux ? (Pseudo : Zi)

O : Bon, ça suffit maintenant !! C'est quoi ces questions dès le début de la séance ?! Eh oui, tout est correct !!

L : M'sieur Oda, dites-moi !! Quand sera-t-il commercialisé, l'oreiller-Nami version Nouveau Monde ? (Pseudo : Capitaine Nobuo)

O : Je n'en sais rien !! Comme je vous l'ai déjà dit, je ne me mêle pas des produits dérivés, et je ne connais d'ailleurs pas tous les produits commercialisés !
D'ailleurs, j'aimerais bien avoir des bras de Franky. On pourrait les enfiler et s'amuser à attraper la tête des autres, etc. J'aimerais aussi qu'ils soient sonorisés. Ça vous tente, *Bandai* ?

L : Maître Oda, pourquoi êtes-vous en poisson sur votre autoportrait ? Tel qu'on vous connaît, Maître... J'imagine que le choix du poisson n'est pas un hasard, car cet animal est à la fois émouvant, et profond... n'est-ce pas ? (Pseudo : Emi@3!04)

O : Ce portrait n'a aucun sens caché !

L : Avec le Kraken, on peut faire combien de portions de takoyaki ? (Pseudo : Équipage de pirates de Hunting)

O : Eh bien... Même si les doses sont généreuses, je dirais qu'on peut facilement cuisiner 10 millions de boules, or il y a 8 boules dans une portion, ce qui fait... 1 250 000 portions ! Eh, mais... Kraken est un ami, ne le mangez pas !!

CHAPITRE 648
VERS LE SOLEIL

Depuis le pont du monde, vol. 31 : "Skypiea - La garde divine -"

UNE IMPORTANCE AUX YEUX DES MONSTRES MARINS ?

...

...

ENFIN, C'EST CE QU'IL SEMBLE !

DANS LE BUT DE PROTÉGER NOÉ DE LA VIOLENCE DE LUFFY !

LES MONSTRES MARINS SONT INTERVENUS...

SE POURRAIT-IL QUE NOÉ AIT...

LES MONSTRES MARINS...

OUI, ELLE COMMUNIQUE AVEC LES MONSTRES MARINS...

C'EST INCROYABLE...

EST-CE SHIRAHOSHI QUI...

GRAND FRÈRE.

CETTE FORCE CAPABLE DE DÉTRUIRE LE MONDE !!

BOUDIOU... V'LÀ QU'ELLE S'EST ENFIN ÉVEILLÉE...

J'AI DÛ ME FAIRE DES IDÉES...

À QUEL PROPOS ?

IMPOSSIBLE...

IL A ENTENDU NOS VOIX...

CET HUMAIN AU CHAPEAU...

"QUI EST LÀ ?! QUI S'AMUSE À PARLER DANS UN ENDROIT PAREIL ?!"

"RAYLEIGH ! TU LES AS ENTENDUES, CES VOIX ?!"

"DES VOIX ?! ICI, DANS LE SILENCE DES ABYSSES ?!"

EN EFFET...

CELA EST DÉJÀ ARRIVÉ AUPARAVANT...

MINISTRE GAUCHE, RÉPONDEZ VITE S'IL VOUS PLAÎT !

ICI LE PALAIS !

Palais des dragons

ELLES SE TROUVAIENT DANS L'ENCEINTE DU PALAIS !

NOUS AVONS RETROUVÉ LES SIRÈNES QUI AVAIENT ÉTÉ CAPTURÉES !

OUI, QU'Y A-T-IL ?

DANS LE PALAIS ?! SONT-ELLES SAINES ET SAUVES ?

HOEEE !!

LE TRÉSOR NATIONAL, LA BOÎTE "TAMATEBAKO" A ÉVIDEMMENT DISPARU AVEC LE RESTE !

IL NE RESTE PAS LA MOINDRE PIÈCE D'OR !!

D'AUTRE PART, LA SALLE DU TRÉSOR A ÉTÉ PILLÉE !!

ELLES SONT ENCORE SOUS LE CHOC...

がら〜ん TADAM 〜ん!!

MAIS ELLES SE SOUVIENNENT BIEN DU VISAGE DE LEUR RAVISSEUR...

JE TE TIENS...

HÉ, DOCTEUR !! TU SERAS VRAIMENT SUR PIED POUR LES PROCHAINS COMBATS ?!

C'EST GRAVE ! ROBIN, SORS LE COAGULANT DE MON SAC À DOS !

BONK ばーん !

RAVO ! ST BEAU OTRE ECIN !!

UN PEU PLUS À GAUCHE !

LUFFY EST LE SEUL F DE L'ÉQUIPAGE...

QUELQU'UN EST DU GROUPE SANGUIN F, ICI ?!

JE PEUX STOPPER L'HÉMORRAGIE, MAIS IL A PERDU BEAUCOUP DE SANG !

M. LUFFY POURRA-T-IL ÊTRE SAUVÉ, DOCTEUR ?!

IL NE LUI EN RESTE PLUS ASSEZ !!

ON VA RCEMENT TROUVER LQU'UN SUR A PLACE !

OUI... E SUIS F, MAIS...

JE... JE SUIS BIEN DE CE GROUPE, MAIS...

FUUUU ふーーん...

!!

S'IL VOUS PLAÎT, UN GROUPE SANGUIN F !!

PRENDS-EN AUTANT QUE NÉCESSAIRE !!

JE SUIS DU GROUPE F !!

WOOM

UTILISE MON SANG !!

JINBEI !!

JE SUIS UN PIRATE...

MAIS, LA LOI...

CHEF JINBEI !!

CETTE VIEILLE LOI N'EST RIEN D'AUTRE QU'UNE DE CES "MALÉDICTIONS" QUI NOUS HANTENT...

ALLONS BON ! OÙ EST L'PROBLÈME ?!

JINBEI... ENFIN...

VOTRE MAJESTÉ...

CHEEEF !!

WOOM

Ce lien efface
les difficultés
plus sûrement...

LUFFY !!

VOUS
AVEZ REPRIS
CONNAISSANCE,
M. LUFFY !!

JINBEI...

BODOM

BODOM

CHAPEAU DE PAILLE !!

À ZÉRO !!

MÈRE... MAINTENANT, NOUS POUVONS TOUT REPRENDRE...

DIS, JINBEI...

?

REJOINS MON ÉQUIPAGE !!

que toutes les belles illusions... Ce lien...

forme la route la plus sûre...

vers le soleil...

TU N'ÉTAIS PAS ÉVANOUI ?

ALLONS BON...

vol.66
ONE PIECE
#648 "Vers le soleil"

CHAPITRE 649
LA DANSE DE LA DAURADE ET DE LA SOLE

Depuis le pont du monde, vol. 32 :
"Skypiea - Dieu est une nouvelle fois satisfait de la récolte annuelle"

LE QUARTIER DES HOMMES-POISSONS ÉCHAPPAIT À MON CONTRÔLE...

ON TROUVERA BIEN UNE TÂCHE QUI VOUS PERMETTE DE DÉPENSER VOT' EXCÈS D'ÉNERGIE !!

BIEN SÛR, VOUS S'REZ EN LIBERTÉ SURVEILLÉE ET VOUS F'REZ DES TRAVAUX D'INTÉRÊT GÉNÉRAL SOUS L'CONTRÔLE DE MON ARMÉE !!

!!

a vu le jour dans les ténèbres du quartier des hommes-poissons...

Le pirate Hody Jones, véritable assassin de la reine Otohime...

JE L'DÉCLARE DONC FERMÉ !!

WOOM

l'auront empêché de mener à bien sa conquête de l'île...

D'autres pirates, humains cette fois et débarqués par hasard...

IL S'EST ENFUI ?!

EH BIEN... IL S'EST ENFUI, PÈRE...

OÙ EST "LUFFY AU CHAPEAU DE PAILLE", MES FILS ?

QUELLE QUESTION !! ON A ÉTÉ FORCÉS DE SE BATTRE COMME DES ANIMAUX DE FOIRE AU MILIEU D'UN CIRQUE...

POURQUOI ÊTES-VOUS PARTIS PRÉCIPITAMMENT DE LA PLACE, COMME DE VULGAIRES VOLEURS ?

TOUT LE MONDE AURAIT FINI PAR NOUS PRENDRE POUR DES HÉROS SI ON ÉTAIT RESTÉS LÀ-BAS !

J'EN AI FROID DANS LE DOS RIEN QUE D'Y PENSER...

AINSI, VOUS N'ÊTES PAS DE VÉRITABLES HÉROS ?

SHHHH

POURQUOI TU REFUSES, JINBEI ?!

PARTONS ENSEMBLE À L'AVENTURE !!

C'EST N'IMPORTE QUOI, VOTRE VISION DES HÉROS !!

MOI MON ALCOOL, JE LE GARDE !!

ÉCOUTE, MA BELLE !! UN HÉROS, C'EST UN TYPE QUI PARTAGE SON ALCOOL AVEC LES AUTRES !!

JE N'LA TRAHIRAI POINT MÊME SI ELLE EST MORTE, BOUDIOU !!

JE... JE TE SIGNALE QUE JE SUIS TOUJOURS MARIÉ À MA CHÈRE OTOHIME ! MON AMOUR POUR ELLE EST ÉTERNEL !!

QUI EST "JOY BOY" ?

VOULAIS-TU M'PARLER ?

BOUDIOU... ALORS, DEMOISELLE PIRATE... DE QUOI...

HIPS...

PARDONNEZ-MOI, VOTRE ALTESSE... JE SOUHAITAIS M'ENTRETENIR EN PRIVÉ AVEC VOUS...

J'AI VU SON NOM SUR LE PONEGLYPHE DE LA FORÊT MARINE...

CE "JOY BOY" DEMANDE PARDON... MAIS À QUI, ET DE QUOI ?

?!

CLONK

NON... JE VAIS TE DIRE CE QUE JE SAIS...

CEPENDANT VOTRE ALTESSE, LIBRE À VOUS DE NE PAS PARLER...

JE SUIS UNE SURVIVANTE DU MASSACRE D'OHARA...

TU... TU PEUX LIRE C'TE STÈLE ?!

JE PEUX TE PARLER, À TOI...

CE QUE TU AS LU ÉTAIT DESTINÉ À "LA PRINCESSE SIRÈNE" QUI VIVAIT ICI...

EST UN ÊTRE BIEN RÉEL QUI A VÉCU DURANT LE "BLANC DE 100 ANS", BOUDIOU...

CE "JOY BOY"...

CELA REMONTE DONC À 800 ANS MINIMUM...

UN JOUR, QUELQU'UN VIENDRA POUR REMPLIR LA PROMESSE À LA PLACE DE JOY BOY...

J'N'EN SAIS PAS PLUS SUR CE POINT...

UNE PROMESSE ?

CE TEXTE EST UNE LETTRE D'EXCUSES POUR AVOIR ROMPU UNE PROMESSE PASSÉE AVEC L'ÎLE...

TELLE EST LA LÉGENDE QUE NOT' FAMILLE SE TRANSMET DEPUIS DES GÉNÉRATIONS...

WAH-AH-AH

TCHAK DOM

DOM TCHAK

LE NAVIRE GÉANT NOÉ POURRA ENFIN ACCOMPLIR LA MISSION POUR LAQUELLE IL A ÉTÉ CONSTRUIT !!

C'EST POUR C'LA QU'ON CONTINUE DE PROTÉGER NOÉ, CAR LE JOUR OÙ LÀ PROMESSE SERA TENUE...

(Yuko Harada, Hokkaido)

L : Maître Oda !! Bonjour !! Lorsque Hody utilise sa "lame du requin", sa nageoire dorsale se transforme en lame. Voici ma question : est-ce que la nageoire dorsale des hommes-poissons est amovible ? Est-elle interchangeable ? Ou bien, la lame est-elle dissimulée à côté de la dorsale ? Répondez, s'il vous plaît !!
(Pseudo : Nyaa)

O : Il s'agit en fait d'une arme enfilable.

LARVES HUMAINES !!

VOUS ALLEZ TOUS MOURIR, SALES HUMAINS !!

← La lame est creuse

Il est en colère contre les humains

OUAH !

L : Booonjour maître Odddaaa !! Le fan de *One Piece* que je suis ne rate pas un épisode, malgré son emploi du temps chargé ! Et voici ce que j'ai trouvé ! (Il y en a, sans doute certains que je n'ai pas repérés, mais bon !)
Voici la ☆ collection des T-shirts à logo des hommes-poissons ☆
Ces T-shirts illustrent les sentiments de ceux qui les portent ou la situation en cours, n'est-ce pas ? (Pseudo : La pintade-papillon)

NANTOKA
(un certain...)

SONNA !!
(impossible !!)

YOISHOW
(Oh hisse !)

BICK REE
(quelle surprise !)

E !
SHOUTAI ?
(Quoi ? Quelle vraie forme ?)

ISHIGA
KETSUJYO
(Manque de volonté)

IMASEN
(Personne)

DEKIN
(On ne peut pas !)

ZAZA
(Onomatopée)

ANSHIN SHIRO
(Rassure-toi !)

NANDATO !!
(Comment ?!)

ITA
(Le voilà)

O : Ooh... Il y en a quand même beaucoup ! Vous avez l'œil ! On ne comprend plus du tout le sens de ces T-shirts, quand comme ici, le contexte change. C'est plutôt gênant... En ce qui concerne la mode sur l'île des hommes-poissons, ce sont les chemises hawaïennes qui tiennent le haut du pavé, mais les T-shirts de la marque *Criminal* les suivent de près !

CHAPITRE 650
DEUX CHANGEMENTS À RETENIR

Depuis le pont du monde, vol. 33 :
"Long Ring Long Land - Tonjit est grand-père !"

ON IGNORE POURQUOI, IL Y A MAINTENANT BIEN LONGTEMPS...

CES ARMES CAPABLES DE DÉTRUIRE LE MONDE ONT ÉTÉ CRÉÉES...

"URANUS"...

"PLUTON"...

ELLES PORTENT LE NOM DE DIVINITÉS...

CES "ARMES ANTIQUES" SONT AU NOMBRE DE TROIS...

"POSÉIDON"...

TOUT À FAIT...

ET L'UNE DE CES ARMES EST VOTRE FILLE...

LE GOUVERNEMENT MONDIAL COMME LES PIRATES !!

CHERCHERAIENT ALORS À CONTRÔLER LA FORCE DE LA PRINCESSE SHIRAHOSHI...

DOM
TCHAK
ドンチャン♪

CE SERAIT TERRIBLE SI CETTE VÉRITÉ S'ÉBRUITAIT.

WAAAH

...

BLUB BLUB

CAR TOUS LES PUISSANTS DE CE MONDE...

GWEH HI HI HIII ! ♡ ALORS, CE SERAIT CETTE PRINCEEESSE...

CETTE HISTOIRE M'A L'AIR PLUTÔT CROUSTILLAAANTE !!

ゴゴゴ゛
WOOO ゴ゛...

DES ARMES ANTIIIQUES CAPABLES DE DÉTRUIRE LE MOOONDE...

BWISH

DOOM
どんッ!

DOM
TCHAK
ドンチャン♪

DISCUTONS UN PEU TOUS LES DEUX...

AH BON ?!

SUR LES AFFAIRES DE CE MONDE...

TU ME FAIS PEUR LUFFY, À T'ÊTRE AUSSI PEU RENSEIGNÉ...

DOM
TCHAK
ドンチャン♪

WAH
WAH !!

D'ACCORD, MAIS DONNE-MOI DEUX SECONDES !

JE VAIS PRENDRE UN CASSE-CROÛTE POUR LA ROUTE !!

DOM
TCHAK
ドンチャン♪

EN TEMPS NORMAL, AOKIJI N'EST PAS DU GENRE À PROTESTER...

CETTE FOIS PAR CONTRE, IL S'EST VIOLEMMEN OPPOSÉ À LA NOMINATION D'AKAINU AU POST D'AMIRAL...

LE CONFLIT ENTRE LES DEUX HOMMES FUT TEL...

LES MORTS NE PARLENT PAS, DIT-ON ! LE PERDANT N'AURAIT DONC RIEN À DIRE...

AU COURS D'UN DUEL D'UNE INTENSITÉ JAMAIS VUE...

QU'ILS SONT ALLÉS JUSQU'À S'AFFRONTER SUR UNE ÎLE AFIN DE SE DÉPARTAGER...

LA DIRECTION DE LA MARINE REVIENDRAIT AINSI AU VAINQUEUR DU DUEL...

LES DEUX HOMMES ÉTAIENT D'UNE PUISSANCE ÉQUIVALENTE, MAIS IL Y EUT MALGRÉ TOUT UN VAINQUEUR...

CE COMBAT À MORT DURA 10 JOURS, LE MONDE ENTIER NE PARLAIT PLUS QUE DE ÇA...

AKAINU !!

LE NOUVEL AMIRAL DE LA MARINE EST DONC AKAINU SAKAZUKI !!

AKAINU REMPORTA LE DUEL !!

FUT PRIS DE PITIÉ...

AKAINU, FACE À SON COMPAGNON INCAPABLE DE SE RELEVER...

LES DEUX HOMMES FURENT GRAVEMENT BLESSÉS.

ET AOKIJI, IL EST MORT ?

AOKIJI, PAR CONTRE, REFUSA DE TRAVAILLER SOUS LA DIRECTION D'AKAINU ET QUITTA LA MARINE...

NON... ET PERSONNE NE SAIT OÙ IL EST NI CE QU'IL COMPTE FAIRE...

QUANT AU GOUVERNEMENT, IL A PERDU UN DE SES ÉLÉMENTS LES PLUS PUISSANTS...

AINSI, AOKIJI N'EST PLUS UN SOLDAT DE LA MARINE...

CE SALE VOLEUR DE TRÉSORS ÉTAIT DONC TOUJOURS DANS LE PALAIS !!

はぁ っ!! STAH

GRÂCE À VOUS, NOUS AVONS ÉVITÉ UNE NOUVELLE CATASTROPHE ! COMMENT VOUS REMERCIER ?!

NORMALEMENT, LE PALAIS EST HERMÉTIQUE AU MOINDRE POISSON, MAIS LA PORTE EST RESTÉE OUVERTE DURANT LA BATAILLE !!

IL A TOUT TRANCHÉ, BARREAUX ET MURS, POUR SORTIR DE LA CAGE !!

NON ! C'EST LUI LE COUPABLE !!

C'EST SANS DOUTE CE VOLEUR, QUI PENDANT NOTRE ABSENCE...

REGARDEZ, LA TOUR DROITE DU PALAIS A ÉTÉ TRANCHÉE NET !

NE RENTRE PAS DANS LES DÉTAILS, STUPIDE ÉTOILE DE MER !!

C'EST LUI QUI A VOLÉ TOUS LES TRÉSORS DU PALAIS ?!

GWEH HI HI...

QUOI ?! C'EST DONC CE TYPE ?!

ATTENDEZ UN PEU, CHER MINISTRE DROIT ! VOUS AVEZ BIEN PARLÉ D'UN VOLEUR DE "TRÉSORS" ?!

OUH OUH

J'AI UN MAUVAIS PRESSENTIMENT...

...

QUE LEUR EST-IL ARRIVÉ ?!

OOOOH

C'EST BIEN HODY ET SA BANDE ?!

POURQUOI CE CHANGEMENT ?!

CAPI'HAINE HODY !!

OUAAAH !!

CES... VULGAIRES BARREAUX...

VOUS CROYEZ VRAIMENT QUE CETTE CAGE VA ME RETENIR, FAMILLE ROYALE DÉGÉNÉRÉE ?!

RAA

CRAC

HAA... EH OUI, C'EST MOI LE VOLEUR...

RAAH...

LE ROI A PRÉFÉRÉ QU'ON NE CREUSE PAS L'AFFAIRE AFIN DE NE PAS FAIRE DE VAGUES...

EN Y REPENSANT, TU AS DÉMISSIONNÉ DE L'ARMÉE IL Y A JUSTEMENT 10 ANS, HODY...

JE COMPRENDS... LEUR ÉNERGIE STÉROÏDE N'ÉTAIT RIEN D'AUTRE QUE CE MÉDICAMENT LÉGENDAIRE, PLACÉ DANS LA "TAMATEBAKO"...

CETTE BOÎTE A ÉTÉ DÉROBÉE IL Y A 10 ANS SANS QU'ON DÉCOUVRE L'IDENTITÉ DU VOLEUR...

BANDE DE NAZES !!

RAAH...

C'EST BEN ÉTRANGE QUE C'MÉDICAMENT SOIT UN TRÉSOR NATIONAL...

SANS DOUTE QU'À CAUSE DE SES EFFETS DANGEREUX, IL DEVAIT RESTER SOUS BONNE GARDE AFIN DE N'POINT ÊTRE TOUCHÉ...

LE "MÉDICAMENT ROND" CONTENU DANS LA TAMATEBAKO ÉTAIT CERTES LÉGENDAIRE, MAIS SON ORIGINE EST OBSCURE !

SELON CERTAINS, CE MÉDICAMENT DONNERAIT LA FORCE D'UN MILLIER D'HOMMES... SELON D'AUTRES, IL FERAIT SIMPLEMENT VIEILLIR !!

...

TOUT C'LA, À CAUSE D'UN RÊVE IDIOT DE PUISSANCE...

CEPENDANT, VOUS AVEZ OUVERT LA BOÎTE QUI DEVAIT RESTER FERMÉE...

VU VOTRE ÉTAT... JE NE PEUX QUE RECONSIDÉRER VOTRE CHÂTIMENT...

TAIS-TOI ! ON EST LES ÉLUS, LES VENGEURS...

ON VA TOUS VOUS MASSACRER, TOI COMME LES HUMAINS !!

VOUS D'VEZ DONC RENONCER À VOTRE VENGEANCE...

FERME-LA, NEPTUNE !! RAAH... RAA...

UNE VOIX VENUE DU NOUVEAU MONDE

CHAPITRE 6

TOSHIO ASAKUMA

ONE PIECE vol.66

CRONCH
CRONCH

AAAH

...

GYAAAH

MIAM
MIAM

SHRIK
SHROK

GNAP
GNAP

TU AS BIEN FAIT.... LES BISCUITS DE CE PAYS ÉTAIENT DÉLICIEUX...

J'AI TOUT CRAMÉ !!

ALORS BOBBIN, C'ÉTAIT COMMENT ?!

ON EST RENTRÉS !! BOYOYON !!

MAMAAA

J'IMAGINE D'ICI LE PARFUM SUCCULENT QUI A DÛ S'ÉLEVER QUAND TOUT A BRÛLÉ. C'EST DOMMAGE, MAIS BON...

SHINK SHINK

BLA

BLA

CES GENS QUI NE DONNENT PAS DE GÂTEAUX MALGRÉ LEUR PROMESSE, JE LES TROUVE ENCORE PLUS DÉTESTABLES QUE DES BISCUITS SANS SUCRE...

SOIT ON ME LIVRE UN TRIBUT DE PÂTISSERIES, SOIT ON MEURT...

IL FALLAIT LE FAIRE.... APRÈS TOUT ILS N'AVAIENT PAS PRÉPARÉ LA LIVRAISON DE GÂTEAUX....

À CE PROPOS... L'ÎLE DES HOMMES-POISSONS DIT QU'ELLE NE DISPOSERA PEUT-ÊTRE PAS DE GÂTEAUX POUR LA LIVRAISON DE CE MOIS...

IL Y A UN GOÛTER ?

LES GÂTEAUX
DE L'ÎLE DES
HOMMES-
POISSONS NE
SERONT PAS
LIVRÉS ?!

QU'ON
M'APPORTE UN
ESCARGOPHONE,
ET VIIITE !!

WOOM

PEKOMS VIENT
DE NOUS ENVOYER
L'INFORMATION...
ON CRAME CETTE
ÎLE AUSSI ?

IL NOUS FAUT AU MOINS DEUX SEMAINES POUR RÉPARER !!

ATTENDEZ, BARON !! COMME JE VOUS L'AI EXPLIQUÉ, LES MACHINES DE L'USINE SONT DÉTRUITES !!

C'EST POURQUOI JE CONSENS À PATIENTER JUSQU'À DEMAIN MATIN...

MAMA APPRÉCIE PARTICULIÈREMENT VOS GÂTEAUX...

Sur l'île des hommes-poissons, devant l'usine à gâteaux

C'EST IMPOSSIBLE, MON CHER...

BIG MOM ♥

TU ES BON CUISINIER !

J'ADORE TES GÂTEAUX !

MAMA N'EST PAS UN "TYPE", MAIS UNE FEMME DOUBLÉE D'UNE GRANDE PIRATE, MON BRAVE...

IL EST VRAIMENT EMPEREUR, VOTRE BOSS ? IL MANQUE PAS UN PEU DE TESTOSTÉRONE, POUR ÊTRE INCAPABLE DE PATIENTER QUELQUES JOURS ?!

HÉ, CALIMERO !! TU PEUX PAS ATTENDRE UN PEU ?!

IL S'AGIT DONC D'UNE DAME... QUE FERA-T-ELLE SI LES GÂTEAUX ARRIVENT EN RETARD ?

C'EST POURQUOI ELLE NE SÉCRÈTE PAS DE "TESTOSTÉRONE", N'EST-CE PÂÂ...

POUR RASER L'ÎLE DES HOMMES-POISSONS, TRÈS CHER !!

ELLE VERRA CELA COMME UNE RUPTURE DE CONTRAT !! SES PIRATES ARRIVERONT DONC AUSSITÔT...

VOUS ÊTES
CRÉTINS, OU
QUOI ?! ON NE
DÉTRUIT PAS UN
PAYS POUR DES
GÂTEAUX !!

?!

RASER
L'ÎLE ?!

SURTOUT
QUE L'ÎLE
VIENT À PEINE
D'ÉCHAPPER À LA
DESTRUCTION !!

C'EST
BIG MOM,
C'EST SÛR !
GRAOO !!

JE LUI AI
FAIT PART DE
LA SITUATION,
TOUT À
L'HEURE...

OOOH

PULUL
PULUL
PULUL

HÉ !!

OUI,
ALLÔ ?!

PULULU   PULULU
プルルルルルル...

NON ! TOI,
DÉCROCHE !
J'AI PAS ENVIE
DE ME FAIRE
ENGUEULER !

ALLEZ,
PEKOMS...

GLOUPS

GLOUPS

UN... UN APPE
DE BIG MOM E
PERSONNE ?!

プルルルルルル...!!
PULULU   PULULU

LES TRÉSORS NE SE MANGENT PAS !! J'AI ENVIE DE GÂTEAUX BIEN SUCRÉS !!

DES TRÉSORS ?!

?!

JE VEUX BIEN TOUT TE DONNER À LA PLACE DES GÂTEAUX !!

ON A PAS MAL DE TRÉSORS EN CE MOMENT !

SHLONK

ONT COULÉ DEUX NAVIRES PIRATES QUE NOUS CONTRÔLIONS, N'EST-CE PÂÂ...

IL Y A QUELQUES JOURS, LES GAMINS DU "KIDD"...

MAMA ! C'EST MOI, TAMAGO !! GARDEZ VOTRE CALME...

ATTENDS UN PEU !! CE SAC EST REMPLI DE TRÉSORS ?!

CETTE PERTE A CREUSÉ UN TROU CONSIDÉRABLE DANS NOS FINANCES, MA CHÈRE...

BEN OUI !!

QUANT AUX GÂTEAUX, ON SE DÉBROUILLERA POUR VOUS EN TROUVER DES BIEN SUCRÉS SUR LE CHEMIN DU RETOUR !

!!

NOUS POURRIONS FAIRE PREUVE DE CLÉMENCE EN ÉCHANGE DE LEURS TRÉSORS, VOYEZ-VOUS...

QUE PENSERIEZ-VOUS DE DONNER À L'ÎLE CES DEUX SEMAINES DE DÉLAI ?

(TAKAYUKI OKADA, SAITAMA)

L : M'sieur Oda, m'sieur Oda, m'sieur Oda, m'sieur Oda, m'sieur Odaaa !! Voilà. J'ai répété cinq fois votre nom en toute inutilité ! Bonjour. Voici ma question. Elle est plutôt sérieuse, elle.
Tome 64, chapitre 636, pages 198 et 199, Chopper dit qu'il doit prendre une Rumble ball pour une de ses transformations, tandis qu'il peut utiliser les six autres formes à volonté, sans prendre de Rumble ball. La forme Guard point est bien incluse dans ces six formes libres, n'est-ce pas ? Cependant, dans le tome 62, épisode 605, page 38, on peut voir Chopper manger une Rumble ball pour utiliser la Guard point. Pourquoi ?! Répondez s'il vous plaît ! Si vous ne répondez pas... Je ne serai plus fan de vous !!
(Pseudo : Fan d'Oda)

O : En effet. Tu as raison. Dans le tome 65 on comprend qu'en mangeant une Rumble ball, Chopper peut se battre sous la forme qui ressemble à un monstre. Donc... on peut aussi en déduire que Chopper n'a pas besoin de Rumble ball pour ses autres transformations, c'est exact ! Quant à expliquer pourquoi... Eh bien, je laisse au lecteur suivant le soin de répondre à cette énigme !!

L : Dans le chapitre 605 du tome 62, avant de prendre la forme Guard point, Chopper gobe quelque chose qui ressemble à une Rumble ball, bien qu'il devrait pouvoir s'en passer après son entraînement de deux ans.
Moi évidemment, j'ai tout de suite compris qu'il avait mangé un de ces "bonbons Rumble ball" très à la mode dernièrement, mais la plupart des lecteurs se sont trompés en croyant que Chopper avait mangé une Rumble ball !! Sacré Chopper, ce n'est pas bien de tromper ton monde !!
(Pseudo : La fuite est la meilleure arme du lâche)

O : Mais bien sûr, en effet !! Quel petit malin, ce Chopper ! À cause de lui, j'ai reçu plein de remarques des lecteurs au sujet de cette fameuse case ! Le fond des mers est-il un endroit bien choisi pour gober des bonbons ?! Chopper, vraiment !! Ah oui, à propos, revoyons ensemble quelles sont les sept transformations de Chopper !

| Brain point | Walk point | Heavy point | Guard point | Kung-fu point | Horn point | Monster point |

Transformation libre
(Donne parfois à Chopper l'envie de mâchonner un "bonbon Rumble ball")

Rumble ball nécessaire
(La transformation dure 3 minutes)

CHAPITRE 652
UNE ROUTE SEMÉE D'EMBÛCHES

Depuis le pont du monde, vol. 34
"Gare de Shift - Chimney, chef de gare du dimanche"

ALORS, JINBEI ?

JE M'DEMANDAIS SI UN HOMME DE TON ENVERGURE N'ÉTAIT PAS CONTRARIÉ...

ELLE N'EST PAS TRÈS COMPRÉHENSIVE MAIS ELLE NOUS LAISSE MALGRÉ TOUT UNE MARGE DE MANŒUVRE...

SOUS LE CONTRÔLE DE BIG MOM ?

TON ÉQUIPAGE DES PIRATES DU SOLEIL S'EN SORT BIEN...

D'ÊTRE LE SUBORDONNÉ D'UN AUTRE QUE FISHER TIGER...

EN TOUT CAS, GRÂCE À TOI ET TES PIRATES QUI NOUS AVEZ APPORTÉ LA PROTECTION DE BIG MOM...

C'EST VRAI ? J'AI PLUTÔT L'IMPRESSION QUE TU AGIS AINSI POUR L'ÎLE...

L'ÎLE A PU RESTER SAINE ET SAUVE MALGRÉ LE DÉCÈS DE BARBE BLANCHE...

DANS LE NOUVEAU MONDE, ÊTRE PLACÉ SOUS LA PROTECTION DE L'UN DES QUATRE EMPEREURS...

CELA M'IMPORTE PEU... JE ME FICHE DE QUI EST MON CHEF...

EST LE MEILLEUR MOYEN DE PROTÉGER LA VIE DE MON ÉQUIPAGE.

NOUS VERRONS EN TEMPS ET EN HEURE, SI BIG MOM DEVAIT S'EN PRENDRE À NOUS...

• • •

TU ESSAIES ENCORE DE PORTER L'MONDE SUR TES ÉPAULES...

JINBEI...

SI LE DRAPEAU DE BIG MOM NE DEVAIT PLUS FLOTTER SUR NOTRE ÎLE...

J'AIMERAIS LE REMPLACER PAR UN AUTRE...

?

AUJOURD'HUI, ET BIEN QU'ILS MANQUENT DE DISCIPLINE...

JE VIENS DE RECRUTER 70 000 SOLDATS VENANT DU QUARTIER DES HOMMES-POISSONS...

CE DRAPEAU FERAIT L'AFFAIRE, SANS AUCUN DOUTE !!

WAH HA HA ! EN EFFET !!

CELUI AVEC CETTE TÊTE DE MORT AU CHAPEAU DE PAILLE !!

WOM

DŌ...!!

AH, MALHEUR... DANS CE CAS, SI LUFFY RÉCUPÈRE LE TRÉSOR...

J'AI PRIS CETTE MESURE EN TANT QUE RESPONSABLE DES TRÉSORS ET DÉTENTEUR DE LA CLEF TAMATEBAKO...

UN MÉCANISME LES DÉCLENCHE EN CAS D'OUVERTURE...

CETTE BOÎTE EST REMPLIE D'EXPLOSIFS...

Dッカァーン!! KABOUM

NOUS LUI DEMANDERONS DE RENDRE LA BOÎTE EN LUI EXPLIQUANT CETTE HISTOIRE...

OOH... ILS SONT SAINS ET SAUFS ! JE ME SUIS INQUIÉTÉ INUTILEMENT !

OUF !

MAJESTÉ ! MINISTRE DROIT ! LUFFY ET SON ÉQUIPAGE...

SONT REVENUS AU PALAIS DES DRAGONS !!

C'EST CE QUI M'INQUIÈTE, OUI...

CEPENDANT, IL EST POSSIBLE QUE LUFFY OUVRE CETTE BOÎTE ENTRE-TEMPS...

TOUS LES TRÉSORS À BIG MOM ?!

TU AS DONNÉ...

À L'UN DES QUATRE EMPEREURS ?!

GWEEH ?!!

ELLE A MENACÉ DE DÉTRUIRE L'ÎLE À CAUSE DU MANQUE DE GÂTEAUX !! ELLE EST FRAPPÉE, CELLE-LÀ !!

POUR DE LA VIANDE, ENCORE, J'AURAIS COMPRIS !! MAIS BON, NE T'INQUIÈTE PAS !! JE LUI AI BIEN CHERCHÉ LA BAGARRE !!

HI HI HI

CE N'EST PAS LE PROBLÈME !!

ÇA IRA !! M. LUFFY EST SI FORT APRÈS TOUT !

TU AS DÉFIÉ BIG MOM ?!

VOILÀ QUI EST EMBÊTANT !!

OOH...

LA PROVOCATION D'UN ŒUF À LA COQUE NE VAUT PAS UNE MOUILLETTE...

RENTRONS CHEZ MAMA, MON BRAVE PEKOMS...

ON NE VIT PAS LONGTEMPS QUAND ON A TROP CONFIANCE EN SON LOGIA...

PEKOMS

Prime : 330 millions

*JUSTICE

VOUS PARLEZ AU MÂT, CAPITAINE !!

VOUS ÊTES ENTRAÎNÉS À DÉVIER LES TIRS ENNEMIS, NON ?!

UN PEU DE SÉRIEUX VOUS AUTRES !!

BRAVO ! Z'ÊTES LA PLUS BELLE, CAP'TAINE TASHIGI !!

QU'ELLE EST BELLE !! ♡ UNE VRAIE FLEUR DANS LA FANGE DU G5 !!

DIS-LUI TOUT, IMBÉCILE !!

CES TYPES NE SONT PAS DE SIMPLES SOLDATS !! C'EST LE G5, LÀ !!

A ÉTÉ BATTU PAR CE GROUPE DE PIRATES QUI NOUS A ENSUITE RENDU NOTRE LIBERTÉ !!

MAIS ON NE DIRA PAS LEUR NOM CAR ON A UNE DETTE ENVERS EUX !!

PRISONNIERS ?! MAIS NON, IL NOUS GARDAIT COMME ESCLAVES !!

...

CEPENDANT, L'ÉQUIPAGE DE HODY À L'ORIGINE DE CETTE GUERRE CIVILE...

GYAAH !! A.... ARRÊTEZ !!

ON PEUT S'OCCUPER D'EUX, AMIRAL ?! GWEH HÉ HÉ...

ON VA TOUT VOUS DIRE !! LEUR NOM, TOUT !!

ILS PEUVENT AUSSI ALLUMER UN GRAND FEU DE JOIE ET NOUS JETER AU MILIEU !!

EN BREF, ILS VONT TOUS NOUS MASSACRER D'UNE MANIÈRE HORRIBLE !!

ILS PEUVENT NOUS PLANTER DES AIGUILLES DANS LE CORPS OU NOUS JETER EN PÂTURE AUX REQUINS !!

GYAAAH !!

ILS NE SONT PAS SOUMIS AUX LOIS DE LA MARINE ET DE SON QUARTIER GÉNÉRAL !!

C'EST L'ÉQUIPAGE DU CHAPEAU DE PAILLE !!

JE LE SAVAIS, IMBÉCILE...

CHAPITRE 653
LE CHAPEAU DU HÉROS

Depuis le pont du monde, vol. 35 :
"Les luxueuses vacances de la sirène Cocoro"

J'AURAIS PRÉFÉRÉ NE JAMAIS VOIR UN FUTUR AUSSI HORRIBLE...

J'AI DIT QUE LUFFY AU CHAPEAU DE PAILLE ALLAIT DÉTRUIRE L'ÎLE...

À LA VOYANCE...

J'AI DÉCIDÉ DE RENONCER DÉFINITIVEMENT...

TU REGARDAIS MA BOULE DE CRISTAL

...

MAIS, MADAME... LUFFY NE DÉTRUIRAIT JAMAIS L'ÎLE...

ELLE A PEUR CAR ELLE SAIT QU'ELLE NE S'EST ENCORE JAMAIS TROMPÉE. CE FUTUR QU'ELLE A VU PEUT SE RÉALISER DANS UN AN-OU-PLUS... IL EST DONC BIEN TROP TÔT POUR DIRE QU'ELLE S'EST TROMPÉE..

QUE MA DIVINATION NE SE SOIT PAS RÉALISÉE...

EN TOUT CAS, JE SUIS BIEN CONTENTE...

?!

CAMIE...

OUI !!

JE COMPRENDS CE QUE TU VEUX DIRE... ON PEUT LUI FAIRE CONFIANCE, N'EST-CE PAS...

J'ESPÈRE QUE TU ME PARDONNERAS D'AVOIR DOUTÉ DE TES AMIS...

À CE GARÇON AU CHAPEAU DE PAILLE ?

MOI QUI AVAIS ENFIN UN AMI !! VOUS POURRIEZ RESTER AU MOINS UN JOUR, OU UNE SEMAINE !!

OUIIIN !! VOUS ALLEZ VRAIMENT NOUS QUITTER, M. LUFFY ?!

OU UNE ANNÉE !!

PLEURERAIENT MON DÉPART !! J'AIMERAIS SÉJOURNER ICI ENCORE UN AN !!

AAH... JE N'AURAIS JAMAIS IMAGINÉ QU'UN JOUR LES SIRÈNES DE L'ÎLE DES HOMMES-POISSONS...

JE... JE SUIS NAVRÉE ! JE NE SERAI PLUS UNE CHIALEUSE ! OUH... OUH...

VRAIMENT TOI, T'AURAS PLEURÉ DU DÉBUT À LA FIN !

*N.D.T. : ALGUE VERTE DONT SE RAPPROCHE LA COUPE DE CHEVEUX DE ZORRO.

C'EST À MOI QUE TU PARLES, MARIMO* ?!

NE TE PRIVE PAS ! RESTE ICI, M. JE-SAIGNE-DU-NEZ !!

UN ♪ DEUX ♪ TROIS QUATRE ♪ LE MATIN, AU RÉVEIL !! ♪ LES SIRÈNES ♪ DÉJÀ BELLES !! ♪

JE TE COMPRENDS, SANDY ! YOH HO HO ! MOI, J'AI COMPOSÉ UN NOUVEAU SINGLE SUR L'ÎLE ET SA VIE DE RÊVE !!

QU'EST-
CE QUE
C'EST ?!

OH ?!

REGARDE PLUTÔT
LE LOG POSE QUE TU
AS UTILISÉ DURANT LA
PREMIÈRE MOITIÉ DE
TON VOYAGE...

?

POURQUOI ?

IL A TROIS
AIGUILLES !

PRENEZ CE LOG
POSE, IL VOUS
SERA UTILE DANS
LE NOUVEAU
MONDE...

VOUS CROYEZ
VRAIMENT
POUVOIR
NAVIGUER DANS
LE NOUVEAU
MONDE AVEC
UNE SEULE
AIGUILLE ?

POURTANT,
L'AIGUILLE
DÉVIE PETIT
À PETIT !

J'ÉTAIS
SÛRE D'AVOIR
MÉMORISÉ NOTRE
POSITION...

OUAH, C'EST
CHOUETTE !!

QUOI ?
UN NOUVEAU
LOG POSE ?

OH...

CE LOG POSE
A BIEN ENREGISTRÉ
LA POSITION DE L'ÎLE,
SOIS-EN SÛRE ! IL SUFFIT
D'UNE DEMI-JOURNÉE
POUR CELA...

PLUSH

...

GMIP

BIEN SÛR !!

N'OUBLIONS JAMAIS LEUR AIDE.

OH ! CHEF JINBEI, VOUS TOMBEZ BIEN !!

ET, ÉVIDEMMENT, IL Y A DES GENS FORTS ET GENTILS COMME LE CHAPEAU DE PAILLE...

MAIS NON, VOYONS ! LÀ-HAUT, IL Y A CES HUMAINS SI DANGEREUX QUI NOUS DÉTESTENT...

ON VA JOUER AUX HÉROS !!

DIS, PAPA ! PAPA ! ACHÈTE-MOI UN CHAPEAU DE PAILLE !

PARDON ?!

HERO

C'EST VRAI, CHEF ?!

J'AI ENTENDU VOTRE DISCUSSION... JE VAIS AFFRÉTER UN NAVIRE MARCHAND QUI REJOINDRA LA SURFACE...

AH, EUH... NON... PARFOIS, CERTAINES PERSONNES NE NOUS AIMENT PAS... EUH...

DANS CE CAS, ALLONS EN SURFACE !!

LES CHAPEAUX DE PAILLE NE SE VENDENT QU'EN SURFACE !

IL LE FAUT SI TU VEUX COIFFER CE CHAPEAU DE HÉROS !! WAH HA HA...

CES MORCEAUX DE BOIS DE "KUIGOSU" PERMETTENT DE HISSER LE NAVIRE VERS LA SURFACE.

C'EST QUOI ÇA, FRANKY ?!

LA VITESSE D'ASCENSION DÉPEND DU NOMBRE DE MORCEAUX AU CONTACT DE L'EAU !

BON, REVENONS AUX CHOSES SÉRIEUSES !! ON N'EST EN SÉCURITÉ NULLE PART, EN MER !!

AAAH... C'ÉTAIT GÉNIAL, CE PARADIS DES SIRÈNES... ♡

SURTOUT DANS LES TÉNÈBRES DES PRO-FONDEURS !!

PROF

JE VOIS...

ON SERA DANS LA MER OÙ SE TROUVE SHANKS !!

J'AI HÂTE DE LE RENCONTRER !

...

QU'Y A-T-IL, LUFFY ?

UNE FOIS REMONTÉS...

L : Maître Odaaa !! On sait que Nami est bonnet i...
Cela ne change pas, avec son arrivée dans le
Nouveau Monde ? Quelle taille de bonnet fait-elle,
maintenant ? Répondez-nous, s'il vous plaît !
(Pseudo : Riko♡ Emi♡ Nanami♡)

O : Voilà une question que l'on me pose sans cesse
depuis que l'équipage du Chapeau de paille a
entamé le nouveau cycle de ses aventures. Je dois y mettre un
terme. Appelons le spécialiste ! Sandy, s'il te plaît !!

Sandy : Oui, on m'appelle ?! Vous avez besoin de ma compétence en
détection de bonnet ? Bon ! Vous êtes prêts ? Je mesure !!
Alors, les bonnets de Nami et Robin sont... Bwaargh ♡

O : Sandy !! Bien, euh... Alors...
Selon vous, quelle taille de bonnet font Nami et Robin ?
J'attends vos réponses par lettre (^^) !! (←Hop, je me débarrasse !)

L : Dans le chapitre 635, il y a ces fameux morceaux de bois
flottants, appelés "kuigosu". En japonais, les syllabes donnent
KU U I GO SU, et lu à l'envers, cela donne SU GO I U KU ou
Sugoi uku, c'est-à-dire ça flotte énormément, n'est-ce pas...
Cela m'a rappelé l'arc Alabasta et l'épisode 175, avec cette
histoire de morceau de bois qui a permis à Mr 3 de flotter...
Il s'agit du même bois, n'est-ce pas ?! Alors, j'ai l'œil ou
pas ?! (Pseudo : Daitcha)

O : Oh ! Tu as remarqué ? Bien vu ! Dans les questions des
lecteurs du tome 25, j'ai expliqué pourquoi Mr 3 pouvait
flotter tout en ayant mangé un fruit du démon. Le bois
dont je parlais alors était bien du bois de "kuigosu" !!
Eh oui !!
À l'époque, vous avez certainement pensé que j'avais créé
ce morceau de bois comme ça, sur le tas, n'est-ce pas ?
Eh bien non ! Erreur ! J'avais déjà tout prévu, et.... Je... Si si !
J'avais tout prévu ! Tout !! Vous... Vous me croyez, hein ?

L : Selon ma mère, les personnages féminins de One
Piece ont un corps glamour, tandis que les
personnages masculins sont bien taillés, et
toujours selon ma mère, cela reflète votre propre
envie d'être ainsi, Maître Oda ! Qu'en est-il,
dites-nous ?!
(Pseudo : J'adore Maruko !!)

O : Oui. Ta mère a raison. J'aimerais tant être glamour !!
(Hein ?! Tu veux être glamour ?! Ou bien taillé ?!)

142

CHAPITRE 654
GAM (BANC DE BALEINES)

Depuis le pont du monde, vol. 36 :
"Water Seven - Le bar de Mozu et Kiwi"

UN PEU TROP BIEN, MÊME !

Le bateau, après son départ de l'île...

remontait vers la surface du Nouveau Monde pour entamer...

TOUT VA BIEN !

PAR CONTRE, CE NUAGE M'A L'AIR SUCRÉ ET APPÉTISSANT !!

NON, MERCI ! JE ME SUIS DÉJÀ LÉCHÉ IL Y A DEUX JOURS !!

la deuxième moitié de son voyage le long de la Route de tous les périls.

ÉCARTE-TOI DU NUAGE, CHOPPER...

HUUM ♡

QUOI ? LA SALLE DE BAIN RENFERME UNE CHOSE SUCRÉE ET APPÉTISSANTE ?

EN EFFET ! J'EN AI L'EAU À LA BOUCHE... ♡

J'AI MOINS ENVIE DE LE CROQUER TOUT À COUP, CE NUAGE !!

GYAAAH !!

ÇA TE TENTE ?

COMMENT TROUVES-TU MON "SHOWER-TEMPO" ?

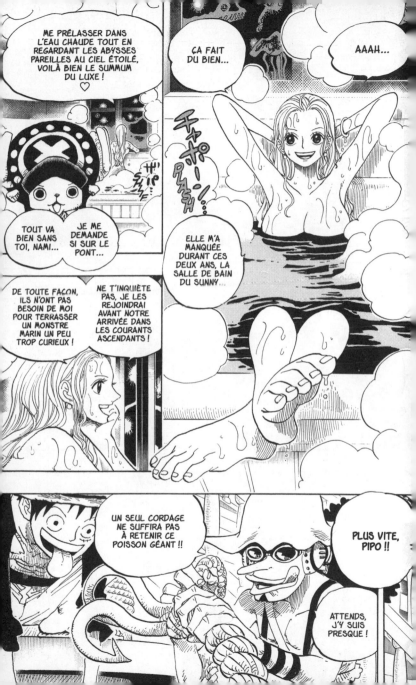

LABOON !!

!!

WOOM

ON FAIT LE TOUR DU MONDE ET ON REVIENT TE CHERCHER !

TU AS NOTRE PAROLE, LABOON !!

BWOO

LABOON !! COMME TU AS GRANDI !!

DE TOUTE FAÇON, CES BALEINES N'AURAIENT JAMAIS PU FRANCHIR REDLINE, VU LEUR TAILLE !!

C'EST IMPOSSIBLE ! LABOON SE TROUVE DANS LA PREMIÈRE MOITIÉ DE LA ROUTE DE TOUS LES PÉRILS !!

!!

QUOI ?

OUAH ?!

?!

BROM

BWOOOO

ELLES REMONTENT, APPAREMMENT !

LAISSONS-LES NOUS CONDUIRE !!

BWOOOOO

HÉ ! TU NOUS LAISSES MONTER ?!

SEULS LES RIRES NE S'ÉTEIGNENT PAS

TÔT OU TARD ON PASSE DE VIE À TRÉPAS

♪ LES SILHOUETTES SUR LE PONTON N'ATTENDENT PLUS MON RETOUR ! MAIS À QUOI BON SE LAMENTER, CETTE NUIT ENCORE LE CIEL SERA ÉTOILÉ ♪

JE M'EN VAIS LIVRER LE BON RATAFIA DE BINKS !

AUJOURD'HUI, DEMAIN OU UN AUTRE JOUR ♪

WOOOO

LA SURFACE !!

(Michi Nakahara, Tottori)

L : Maître Oda, bonjour ! Dans le tome 62, dans la scène où Sandy s'évanouit en saignant du nez après sa rencontre avec les sirènes, Chopper dit que le groupe sanguin du coq est S ! Ce n'est pas un peu bizarre ?
Vous pouvez nous donner la liste de tous les groupes sanguins qui existent ? D'ailleurs, merci d'indiquer le groupe sanguin de chacun des membres de l'équipage du Chapeau de paille ! (Pseudo : Bepo)

O : À vos ordres ! Voilà !

F   X F   X   S   S (RH-)   X   S   X F   X

Principalement, on peut distinguer les groupes F, S, X et XF.
Cependant, ces appellations ne sont pas standardisées, ce qui explique que dans certains pays on parle de groupes sanguins A, B, C...

L : M'sieur Odaaa !! J'ai une question !! Ces poissons qui entourent le bateau page 55 dans le tome 62, ce sont les mêmes que sur la photo ?! C'est bien ça, n'est-ce pas ?!
Quand j'ai cherché des êtres vivants avec le mot-clé "moche", je suis tombé sur ce poisson !!

©Rex/PPS

Comment avez-vous fait pour le trouver ? Vous aussi, vous avez utilisé les mots-clés "poisson" et "moche" ?
Si c'est le cas, je vois que vous aussi, vous avez du temps à perdre...
(Pseudo : Je suis en cours !)

O : Oui. C'est ça. C'est bien ce poisson. Mais je n'effectue pas ce genre de recherches ridicules, moi. En fait, c'est pire dans mon cas... Cette espèce de poisson est nommée Nyudo Kajika, ce qui est très proche d'une recherche que je faisais comme ça, avec les mots-clés nude et Kajika... Hem... Ce poisson est certainement présent dans les recueils de poissons abyssaux. Parce qu'il est vraiment louche. Bien évidemment, en vrai, il n'est pas gros comme un bateau. Il vit bel et bien dans les grands fonds marins, mais il ne fait que 60 cm en moyenne. C'est lui que Luffy veut manger avec de la mayonnaise, dans l'épisode 654.

CHAPITRE 655
PUNK HAZARD

Depuis le pont du monde, vol. 37 :
"Water Seven - La géniale secrétaire de Galley-La Company a 10 ans"

OUAAAH !!
IL S'EST FAIT
AVOIR !!

WAAA
AAH

SHRAF !! GYAAK !!

BROF

ALLEZ,
YEAH !!

RESTONS
CALMES !!

TOUT CELA
PEUT ÊTRE
UNE MISE EN
SCÈNE QUI
FAIT PARTIE
DU PIÈGE...

BRAVO,
BEL ESPRIT
DE DÉDUCTION !!
IL A DIT QU'IL
SE FAISAIT
ATTAQUER,
SIMPLET !!

IL SE PASSE
QUELQUE
CHOSE
LÀ-BAS !

WAAAH

*WA

SES
GUERRIERS,
LES
"SAMOURAÏS",
SONT SI
PUISSANTS...

ET
N'EST PAS
MEMBRE DU
GOUVER-
NEMENT
MONDIAL...

LE "PAYS
DE WA"
REJETTE
TOUS LES
ÉTRANGERS...

OUI, C'EST LE
NOM QU'ON DONNE
À CES FAMEUX
GUERRIERS DU
"PAYS DE WA"...

IL A PARLÉ
D'UN
"SAMOURAÏ",
BROOK...

QUE MÊME
LA MARINE
PRÉFÈRE LES
ÉVITER !

ÇA SUFFIT, VOUS AUTRES !!

GYAH HA HA !!

ÇA BRÛLE ! AU SECOURS !

QUE TROIS ROUTES POSSIBLES...

NORMALEMENT, IL N'Y AVAIT...

GYAHAHA

CESSEZ D'EMBÊTER CES PIRATES !!

DEPUIS L'ÎLE DES HOMMES-POISSONS, LES AIGUILLES INDIQUENT TROIS ÎLES, "RISKY RED", "RAIJIN" ET "MYSTORIA"...

JE PENSAIS QUE LE CHAPEAU DE PAILLE CHOISIRAIT RAIJIN, L'ÎLE DU DIEU-TONNERRE...

FWOOM

Marine, 5e section de la Route de tous les périls Vice-amiral du G5 **Smoker à la fumée blanche**

AU FINAL, IL A IGNORÉ LES AIGUILLES...

PUISQU'ELLE EST LA PLUS DANGEREUSE DES TROIS...

MONTRE-TOI !!

NE PROVOQUE PAS CE CRIMINEL !!

SAMOURAÏ !!

SHLIP SHLIP

"C'EST VOUS, BOSS ?"

"HAA... J'AI SI FROID..."

D'AILLEURS QUELQUE CHOSE M'INTRIGUE...

CE TYPE DISAIT AVOIR FROID...

MOM MOM

TU TE SOUVIENS ?!

LA FERME, C'EST À CAUSE DU STRESS !!

TU MANGES, MAINTENANT ?!

MIAM MIAM MIAM

IL Y AURAIT UN ENDROIT FROID SUR CETTE ÎLE EN FLAMMES ?

C'EST QUOI CETTE LOGIQUE ?!

IL ÉTAIT BÊTE, SANS DOUTE !

DANS UNE FOURNAISE PAREILLE ?!

C'EST VRAI, ÇA ! COMMENT POUVAIT-IL AVOIR FROID...

OU BIEN, PEUT-ÊTRE VOULAIT-IL DIRE QUE LA PEUR LE GLAÇAIT JUSQU'AUX OS...

...

(Satomo, Yamanashi)

L : J'ai l'impression que dernièrement, vous dessinez souvent l'enfance de vos personnages, Maître Oda. Dans ce cas, puis-je me permettre de vous suggérer certains personnages dont vous pourriez dessiner l'enfance ? Ainsi, serait-il possible que vous dessiniez Perona petite ? Et aussi, si je puis me permettre, Absalom, Hogback et Cindry ? (Pseudo : Princesse sorcière Eustace-Luna)

O : D'accord !

Hogback

Absalom

Cindry

Perona

L : Bonjour, Maître Oda ! Elles sont toutes belles, les jeunes sirènes de la ville et de la crique ! Voici ma question : comment était la vieille Cocoro dans sa jeunesse ? Dessinez-la-moi S.V.P. !

O : Pas de problème. Les SBS se terminent ici. On se revoit au prochain tome !

Avant

Après

CHAPITRE 656
L'AVENTURE SUR L'ÎLE ENFLAMMÉE

Depuis le pont du monde, vol. 38 :
"Water Seven - Le deuxième train des mers enfin terminé -"

FIN DU TOME 66

Tite Kubo

BLEACH

Lycéen de 15 ans, Ichigo Kurosaki possède un don très spécial : il peut voir les esprits. Un jour, attaqué par un monstre appelé Hollow, il rencontre Rukia Kuchiki, une Shinigami ou "dieu de la mort", qui lui confie accidentellement la totalité de ses pouvoirs. Ichigo doit alors apprendre à gérer sa vie de lycéen tout en assumant ses nouveaux devoirs de chasseur de démons.

Avec son graphisme soigné et son rythme trépidant, *Bleach* est définitivement le plus rock'n'roll des shônen d'action !

Un lycéen ordinaire au don particulier...

Akira Amano

REBORN

Tsuna n'a pas la vie facile : lycéen médiocre et loser pur jus, il est dernier partout et, pour ne rien arranger, amoureux transis de Kyoko, la plus jolie fille du lycée. Jusqu'à ce que débarque son nouveau tuteur : Reborn, un bébé tueur à gages envoyé par un parrain de la mafia. Sa vraie mission : faire du jeune garçon le 10ᵉ parrain de la puissante famille Vongola.

Farfelu et complètement décalé, *Reborn* est un shônen hilarant basé sur un concept étonnant : la résurrection et la "puissance de la dernière volonté !"

La mafia cherche son successeur

ONE PIECE

Édition française
Traduction : Akiko Indei et Pierre Fernande
Correction : Thomas Lameth
Lettrage : Bakayaro!

© 2013, Éditions Glénat
Couvent Sainte-Cécile — 37, rue Servan — 38000 Grenoble
ISBN : 978-2-7234-9326-0
ISSN : 1253-1928
Dépôt légal : avril 2013

Imprimé en France en mars 2013
par Hérissey – 27 000 Évreux
sur papier provenant de forêts gérées de manière durable

www.glenatmanga.com